curiosidad por

YouTube

POR RACHEL GRACK

AMICUS

¿Qué te causa

curiosidad?

CAPÍTULO TRES

3

Apuesto a que no sabías ...
PÁGINA
14

Curiosidad por es una publicación de Amicus
P.O. Box 227, Mankato, MN 56002
www.amicuspublishing.us

Editora: Alissa Thielges
Diseñadora: Kathleen Petelinsek
Investigación fotográfica: Omay Ayres

Información del catálogo de publicaciones
de la biblioteca del congreso
Names: Koestler-Grack, Rachel A., 1973- author.
Title: Curiosidad por YouTube / por Rachel Grack.
Other titles: Curious about YouTube. Spanish
Description: Mankato, MN: Amicus, [2024] | Series: Curiosidad
por las marcas favoritas | Includes index. | Audience: Ages 6–9
| Audience: Grades 2–3 | Summary: "Kid-friendly questions
give elementary readers an inside look at YouTube to spark their
curiosity about the brand's history, users, and cultural impact.
Translated into North American Spanish"—Provided by publisher.
Identifiers: LCCN 2022048084 (print) | LCCN 2022048085
(ebook) | ISBN 9781645495963 (library binding) | ISBN
9781681529639 (paperback) | ISBN 9781645496267 (ebook)
Subjects: LCSH: YouTube (Electronic resource)—Juvenile
literature. | Internet videos—Juvenile literature.
Classification: LCC TK5105.8868.Y68 K6418
2024 (print) | LCC TK5105.8868.Y68 (ebook)
| DDC 384.3/8—dc23/eng/20221006
LC record available at https://lccn.loc.gov/2022048084
LC ebook record available at https://lccn.loc.gov/2022048085

Créditos de las imágenes © Alamy/MediaPunch Inc 16–17,
NetPhotos 14–15, WENN Rights Ltd 11, ZUMA Press, Inc. 4–5;
Dreamstime Jenya Pavlovski 21 (tl circle), Mykhailo Polenok
13 (t), Transversospinales 7; Flickr/Wikimedia Commons/Like
Nastya 13 (b); Kathleen Petelinsek 22 and 23; Shutterstock
Bricolage 21 (t), Chaay_Tee 21 (bl circle), DisobeyArt 21 (tr
circle), Faizal Ramli 9 (2), Media Home 21 (br circle), Monkey
Business Images 6, PQ11 9 (1), ZikG 18–19; Wikimedia
Commons/Asylum Records/Atlantic Records 9 (4), Atlantic
Records Press Release 9 (5), Jawed Karim and Yakov Lapitsky 8

Impreso en China

LUZ, CÁMARA, ¡ACCIÓN!

¿Quién empezó YouTube?

¿SABÍAS?
Más de 30 millones
de personas visitan
YouTube todos
los días.

De izquierda a
derecha: Steve
Chen, Chad Hurley
y Jawed Karim

LUZ, CÁMARA, ¡ACCIÓN!

Tres amigos: Chad Hurley, Steve Chen y Jawed Karim.
Querían compartir sus videos entre ellos. Así que
crearon YouTube. En 2005, **subieron** el primer video.
El sitio se convirtió extremadamente popular. ¡Es la
principal **marca** para compartir videos en el mundo!

¿Qué puedes ver en YouTube?

En YouTube Kids, los niños pueden ver videos seguros, solo para ellos.

¡Prácticamente de todo! A mucha gente le gusta ver videos musicales y clips graciosos. Hoy en día, Google es el dueño de YouTube. Es fácil encontrar videos sobre cómo hacer casi todo. También puedes alquilar programas de TV y películas. YouTube también tiene TV en vivo para deportes y programas de TV. Pero necesitas pagar una **tarifa** mensual.

¿SABÍAS?

«The tube» era una manera informal de llamar a la tele. YouTube significa «tu tele». ¡Es un programa en el que tú eres la estrella!

¿Cuál fue el primer video de YouTube?

**«Me at the Zoo»
aún está en
YouTube.**

«Me at the Zoo» (Yo en el zoológico). En él, Jawed habla sobre los elefantes. Dura tan solo 19 segundos. Al principio, YouTube tenía pocas **vistas**. Eso cambió en diciembre de 2005. Alguien publicó un video clip de un programa de TV popular. En pocos días alcanzó más de cinco millones de vistas. YouTube se hizo **viral**.

BABY SHARK DANCE
11,7 MIL MILLONES DE VISTAS

1

DESPACITO
8 MIL MILLONES DE VISTAS

2

JOHNNY, JOHNNY, YES PAPA
6,5 MIL MILLONES DE VISTAS

3

SHAPE OF YOU
5,8 MIL MILLONES DE VISTAS

4

SEE YOU AGAIN
5,7 MIL MILLONES DE VISTAS

5

¿Cómo se hace viral un video?

Se necesitan dos cosas. Una, que el video atraiga más de cinco millones de vistas. Y dos, que eso suceda en una semana. La mayoría de los videos virales son divertidos, interesantes o están bien pensados. Cualquier persona puede hacer uno. No se necesitan habilidades especiales. La mayoría de las veces, se trata de encontrar el momento oportuno. ¡Estáte listo para grabar en cualquier momento!

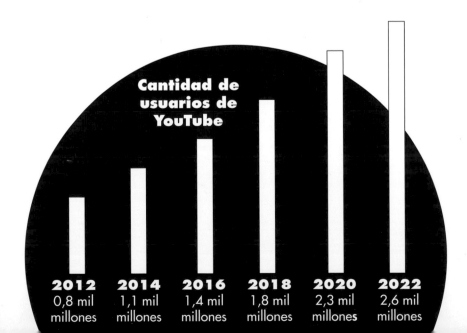

Cantidad de usuarios de YouTube

2012	2014	2016	2018	2020	2022
0,8 mil millones	1,1 mil millones	1,4 mil millones	1,8 mil millones	2,3 mil millones	2,6 mil millones

Estas niñas cantaron una canción de Nicki Minaj que se hizo viral. ¡Tiene 55 millones de vistas!

¿Qué son los YouTubers?

Probablemente conozcas a varios. ¡Tal vez tú seas uno! Los YouTubers suben videos periódicamente a su propio **canal**. Sus videos usualmente tienen un **tema**. Algunos hacen comentarios graciosos mientras **juegan videojuegos**. Otros reseñan productos nuevos. También hay niños que son YouTubers famosos. En general sus padres les ayudan. La gente se **suscribe** para ver a sus YouTubers favoritos.

¿SABÍAS?
¡El video más largo de YouTube dura 23 días! El más corto dura menos de un segundo.

Nastya y su papá hacen videos cada semana.

¿Cómo sabe YouTube qué videos me gustan?

Rastrea lo que miras. ¿Miras videos en los que desempaquetan productos? Te mostrará más. YouTube también **recomienda** videos que les han gustado a otras personas. Tal vez te guste lo mismo. Los videos populares se muestran con más frecuencia.

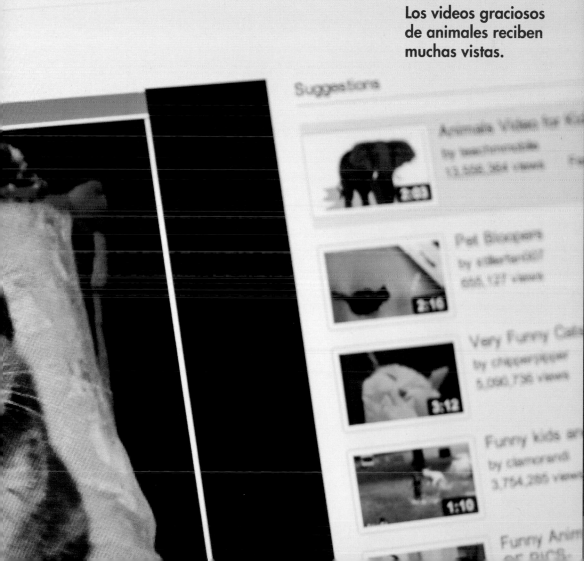

Los videos graciosos de animales reciben muchas vistas.

¿Cuál es el canal más popular?

Dude Perfect incluso hace espectáculos en vivo.

T-Series. Es una compañía musical de India. Tuvo la mayor cantidad de suscriptores en 2022. Pero Dude Perfect es uno de los más vistos. Este grupo hace tomas de trucos y retos divertidos. Muchos niños conocen a Ryan's World y Like Nastya. Son los canales para niños más populares.

¿Todos los YouTubers se hacen ricos?

¿SABÍAS?

Cada clic que le den a un anuncio vale 18 centavos. ¡Los YouTubers necesitan muchos clics a anuncios para ganar millones!

La mayoría no. Pero algunos ganan millones de dólares cada año. Reciben dinero a través de los anuncios. Primero, un canal necesita tener al menos 1.000 suscriptores. Algunos YouTubers cobran una tarifa por ver sus videos. Muchos además crean y venden su propia **mercadería**.

Ryan gana algo de dinero de los juguetes que califica en su canal.

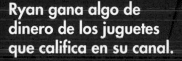

¿Yo podría ser un YouTuber?

¡Claro que sí! Todo lo que necesitas es una cámara de video y un canal de YouTube. También ayuda tener una idea genial y una personalidad divertida. ¿Te sientes nervioso frente a una cámara? Júntate con un amigo. Prueba ideas diferentes. Quédate con las que obtengan más vistas. ¡Podrías convertirte en la próxima estrella de YouTube!

IDEAS DE YOUTUBE POPULARES

- Acrobacias tontas
- Reseñas de juguetes
- Retos • Videojuegos
- Cualquier cosa con comida
- Videos de cómo hacer algo

HAZ MÁS PREGUNTAS

¿Qué tipos de videos de YouTube hacen los niños?

¿Qué YouTubers tienen canales de videojuegos?

Prueba con una PREGUNTA GRANDE: ¿Cómo puedo obtener más vistas en YouTube?

BUSCA LAS RESPUESTAS

Busca en el catálogo de la biblioteca o en Internet.

Pueden ayudarte tus padres, un bibliotecario o un maestro.

Usar palabras clave

Busca la lupa.

Q

Las palabras clave son las palabras más importantes de tu pregunta.

¿

Si quieres saber sobre:

- niños en YouTube, escribe: NIÑOS YOUTUBERS

- canales donde juegan videojuegos, escribe: JUGADORES DE VIDEOJUEGOS YOUTUBE

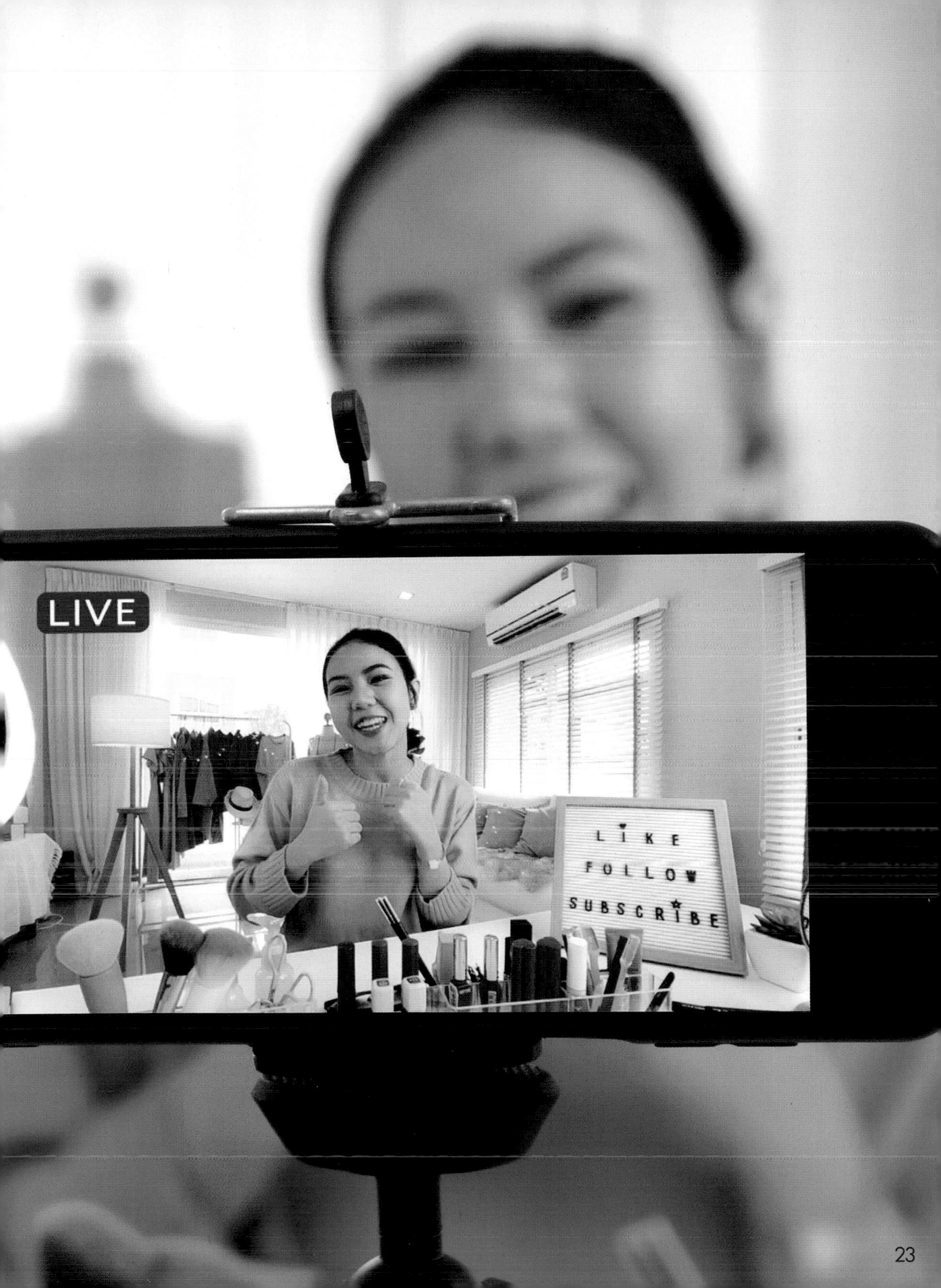
LIVE
LIKE
FOLLOW
SUBSCRIBE

GLOSARIO

canal Una página de YouTube con videos subidos.

gaming Jugar videojuegos.

marca Un grupo de productos hechos por una misma compañía o que le pertenecen.

mercadería Artículos que se compran y venden.

recomendar Sugerir que algo es bueno.

subir Transferir un video de una cámara de video a YouTube.

suscribirse Registrarse para recibir los videos más recientes de un canal de YouTube.

tarifa Un cargo por un servicio.

tema La idea principal.

viral Que se difunde rápidamente por internet.

vistas Visitas a un sitio web.

ÍNDICE

Acerca de la autora

Rachel Grack es editora y escritora de libros para niños desde 1999. Vive en un pequeño rancho en el sur de Arizona. Como para todo amante de las historias, Disney siempre fue muy importante para ella. También disfruta ver cómo sus nietos juegan juegos de Pokémon en su consola Nintendo 64.